손가락 꽃

손가락 꽃
시산맥 서정시선 069

초판 1쇄 발행 | 2020년 10월 8일

지 은 이 | 김관동
펴 낸 이 | 문정영
펴 낸 곳 | 시산맥사
편집주간 | 이성렬
편집위원 | 강경희 안차애 오현정 정재분
등록번호 | 제300-2013-12호
등록일자 | 2009년 4월 15일
주 소 | 03131 서울특별시 종로구 율곡로 6길 36,
           월드오피스텔 1102호
전 화 | 02-764-8722, 010-8894-8722
전자우편 | poemmtss@hanmail.net
시산맥카페 | http://cafe.daum.net/poemmtss

ISBN 979-11-6243-136-8 03810

값 9,000원

* 이 책은 전부 또는 일부 내용을 재사용하려면 반드시 저작권자와 시산맥사의 동의를 받아야 합니다.
* 이 도서의 국립중앙도서관 출판시도서목록(CIP)은 서지정보유통지원시스템 홈페이지(http://seoji.nl.go.kr)와 국가자료공동목록시스템(http://www.nl.go.kr/kolisnet)에서 이용하실 수 있습니다. (CIP제어번호 : CIP2020040029)
* 이 시집은 교보문고와 연계하여 전자책으로도 발간됩니다.

손가락 꽃

김관동 시집

* 본문 페이지에서 한 연이 첫 번째 행에서 시작될 때에는 〈 표기를 합니다.

■ 시인의 말

얼떨결에 첫 시집을 내고

두 번째 시집을 준비하면서

시가

참으로 어렵다는 생각을 했습니다.

두렵기도 했구요.

하지만

쓰고 싶다는 일념 하나로

변변치 못한 글들을

다시

세상에 내놓았습니다.

많이 부족하지만

정진하는 계기로 삼겠습니다.

2020년 9월, 김관동

■ 차 례

1부

꽃들 – 19

국화꽃 – 20

어머니와 커피 – 22

코로나 – 24

사춘기 – 26

우체부 – 28

착각 – 30

영산포 기차역 – 32

이팝나무 – 34

뻐꾸기 우는 사연을 아시나요 – 36

손가락 꽃 – 38

바람 같은 친구 – 40

미투 – 42

분리수거장 – 44

보신탕 – 46

2부

꽃잔디 — 49
밥은 먹고사니 — 50
때로는 삐뚤어진 것이 더 아름답다 — 52
초등학교 운동장 — 54
번제 — 56
민들레 — 58
위대하다는 것이란 — 60
10월 — 62
가짜뉴스 — 64
광야의 샘에서 — 66
마지막에 피어난 꽃 — 68
여백 — 70
변명 — 72
아버지 — 74
아내의 등 — 76

3부

그대의 천국 – 81

꽃이 된 그녀 – 82

호떡 굽는 할머니 – 84

나방의 꿈 – 85

검은꽃 – 86

프리즘 – 88

절벽 – 90

대추나무 – 92

흩날리는 나뭇잎 – 94

부끄럽습니다 – 96

갈대처럼 – 97

나의 친구 – 98

굽은 소나무 – 100

회양목 – 102

끓는점이 높았더라면 – 104

4부

떡갈나무 – 109

회초리가 아닙니다 – 110

한뎃잠 – 111

찬바람이 불면 – 112

요양병동 – 114

ㅁ 와 ㅇ – 116

연장 – 118

폭우 – 120

친구 사이 – 122

홍학 – 124

웃으면서 삽시다 – 126

장미 넝쿨 – 128

포도송이처럼 – 130

여론 – 132

부모와 자식 – 134

■ 해설 | 안은숙(시인) – 137

1부

꽃들

겨울눈이 피워낸 꽃을
눈꽃이라
하고

행복이 만들어낸 꽃을
웃음꽃이라
하며

하늘에 핀 꽃을
별이라
하면

마음에 핀 꽃은
사랑이라
부릅니다

오늘도
변함없이
그 꽃들이 만발했으면 좋겠습니다

국화꽃

봄바람이 불기가 바쁘게
꽃부터 피워낸
꽃도
아름답지만

봄 여름 가을 걸치며
길고 긴
무더위와
비바람에 시달리고
찬이슬에 떨며
마침내
탐스럽고도 아름답게 피워낸 꽃이기에
더욱 사랑스럽습니다

절치부심하며
인고의 세월을 이겨낸 끝에
마침내
뜻을 이룬 젊은이도 있습니다

〈
그가 피워낸 늦꽃이
이 가을
국화꽃처럼
아름답고도 싱그럽습니다

어머니와 커피

훗날 언젠가는
이렇게
서산에 해 넘어가는 모습을
보면서
어머님과 커피 잔을 마주치던 생각이
새록새록 돋아날 겁니다

그때도 아마
맞은편에 어머님 형상을 모시고
커피 잔 가득
주름진 어머님 얼굴
모습모습을 녹이고 있겠지요

당신 몸에 곡기는 끊어도
커피 한잔은 마셔야
하루를 넘기시던 모습도

누구누구 해도
아들의 커피가 제일 맛있다고 하시던 눈물겨움까지도

〈
오늘
어머니와 저
단둘이 마시던 이 커피 잔에
가득가득 채워져 넘칠런지도
모릅니다

모르긴 몰라도
혼자 마시는 커피는
커피가 아니라
그리움이겠지요

어젯밤
졌던 해도
아침이 되면
휘황찬란하게 다시 떠오르듯
어머님도
어제의 태양처럼
다시 떠오를 수는 없는가요

코로나

거리엔
마스크를 쓴 사람들만 돌아다닌다
사무실이고 시장이고
어디를 가도
마스크를 쓴 사람들뿐이다

거리엔
미인들이 넘쳐난다
미남들도 넘쳐난다
잘생긴 나와
못생긴 내가 함께 걸어간다

지나온 삶
굴곡진 내 인생에서
반쯤만 허물을 걷어내도
그럭저럭
괜찮은 삶의 여정이 되지 않았을까
싶기도

마치

반쯤 물들여진 노을이
반쯤 붉어진 단풍잎이
여백이 잘 조화된 그림이
더 아름답게 보이듯

하고 싶은 말도
반쯤만 입 밖으로 내놓으면
감추어진 말이
오히려
더 빛이 날 텐데

마스크로 가려진 사람들이
넘쳐난다
세상의 100%보다는
적당한 50%가 더 아름답다는
메세지를 담고서
그가
오지는 않았는지

사춘기

고향에서 농사를 짓는
여동생이
추석명절 젯상에 쓰라고
보내준
토실토실한 햇고구마

쓰고 남아서
바람 잘 통하는 위층 창가에 놓아두었는데

눈치도 없이
이 가을도 가기 전에
몸살이 나는지
새순들이 돋아나

햇살 따라
이리저리 춤을 추고 있었다

요즘
어느 거리에서도

심지어
전철이나 버스 안에서도
스스럼없이
스킨쉽에 정신없는
어린 청소년들

마치
계절을 잊은
햇고구마 같다

세월의 변화무쌍을
나만
모르고 있는 것일까

우체부

그 옛날
꿈을 먹고 살던 시절엔
하루 종일
우체부를 기다린 적이 있었다
그때는
우체부만 오는 것이 아니고
예쁜 꽃봉투 속에는
별을 바라보고 산다는
어느 소녀의 별빛 같은 마음도
함께
따라오곤 했었기 때문이다

요즘에는
우체부 오는 것이 두렵다
소녀의 별빛 같은 마음 대신에
족보 뒤지듯
내 쓸개즙까지 끄집어내어
숨겨둔 양심을 헤집기 때문이다

〈
굴곡진 자갈길을 헤쳐 온
내 인생의 아픈 편린들이
노오란 봉투 속에서
다시 살아
꿈틀거리기 때문이다

착각

그 옛날
영산홍 붉게 터지던 날
밤

그녀가 나에게
미소를 보내는 줄 알았는데
이제와 생각해 보니
쓴웃음이었습니다

그녀가 나를 향해
손짓하는 줄 알았는데
이제와 생각해 보니
손사래를 치고 있었습니다

그녀가 나를 향해
머리를 끄덕이는 줄 알았는데
이제와 생각해 보니
가로지르고 있었습니다

〈
그녀가 나를
받아들이는 줄 알았는데
이제와 생각해 보니
몸부림이고 저항이었음을

코피가 터지고서야
알았습니다

영산포 기차역

헐떡이는 숨을 몰아쉬며
서울을 빠져나온
기차

송정리 역에서
광주를 거부한 화통이
내달리는 철길

나주역을 지나
멈추고 싶은 곳

검은 열통에 각인된 기억
하나

차마
소리 없이 지나치지 못하고

움푹 패인 흉터에
옛이야기 농이 되어 끓고 있다

〈
맵싸한 선창가
홍어 삭히는 냄새에

기차는
막걸리 한 사발 들이켜고

헛기침만 날리면서
강줄기 따라
꼬리를 감춰버린다

이팝나무

꿈속에서도
쌀밥이 그리웠던 시절이 있었지

늦봄
보릿고개가 가파를 무렵

그
간절함이
꽃으로 왔을 때

내 빈 창자가
먼저 알아봤었지

허겁지겁
눈으로 먹어치웠지

한참 후에도
꼬르륵 소리는 여전한데
헛배는 불렀었지

〈
요즘도
이팝나무 꽃그늘에만 가면
나도 모르게
꼬르륵 소리를 내고 만다

내 창자의
슬픈 기억 하나
그곳에 이야기로 남아있네요

뻐꾸기 우는 사연을 아시나요

압니다
멧새는 알고 있습니다
아주 잘 알고 있습니다

뻐꾸기만
울고 있는 게 아닙니다

멧새도 울고 있습니다
멧새는
더욱 슬피 울고 있습니다

멧새는
슬픈 가슴이 시커멓게 다 타서 사라질 때까지
열정적인 사랑으로
울고 있습니다

비록 밉지만
그도
내 새끼이니까요

〈
가슴으로 낳은
어미도
어미이니까요

아무리 큰 잘못도 눈감아주고
감싸 안아주는 것도
결국은
어미의 몫이니까요

손가락 꽃

주일만 되면 피어나는
꽃입니다
세상에서
가장 아름다운 꽃을 피우기 위해
일곱 날의 빛을 꽃잎처럼 접었다
펼치는 꽃
손가락 꽃입니다

하늘빛
성체에서 흐르는 빛을
오롯이 받아
아름답고도 성스럽게
피어난 꽃이
손가락 꽃입니다

입과 귀가 없어도
꽃으로
보고
듣고

말을 합니다

손가락 꽃을 피워주는
거룩한 빛은
하늘빛을 타고 내려옵니다
빛이
기도소리를 들으면
꽃봉오리는
꽃잎을 터뜨립니다

손가락 꽃은
간절한
기도를 먹고 피어나기 때문입니다

바람 같은 친구

나뭇잎이 무성할 때나
앙상한 가지만 남아있을 때나
변함없이 찾아와주는
바람처럼

내게도
그런 친구 하나 있었으면
좋겠습니다

내가
힘이 있을 때나 없을 때나
내가
부유하거나
가난하거나
내가
아무리 만신창이가 되어
수렁에서 허우적거릴 때에도
언제라도

〈
나에게
말없이 다가와서
내 어깨에 살며시 손을 얹어주는
그런
친구 하나

바람 같은
친구 하나
있었으면 좋겠습니다

미투

경험하지 못한 태풍의 위력을
보고 있습니다
나뭇잎 하나
팔랑거리지도 않았는데
거목이 뿌리째 뽑혀버렸습니다

온 세상은
쥐 죽은 듯이 납작 엎드려
숨도 못 쉬고
태풍이 지나가기만을 기다리고 있지만

언제 다시
어디서 어떻게 몰아칠지
기상청도 예보를 전혀 못하고 있습니다
번번히
오보를 내고 마니까요

옛말에
여자가 한을 품으면 오뉴월에도

서리가 내린다는 말도 있고
순한 사람이 화를 내면
더 무섭다고도 합니다만

엉뚱하게도
태풍의 이름을 잘못 지었다고
정부에 대한 지지여론이
바닥을 기고 있다니

숨어서
미투를 겁내는 사람들이
한두 사람이 아닌가봅니다

오늘도
아침뉴스에
태풍경보가 특보로 뜨고 있습니다

분리수거장

녹슬지 않고
구멍 나거나 찌그러진 곳도
하나 없는데
버려졌구나

흠집이 있거나
잘못되게 태어난 것도 아닌데
그저 버려졌구나

색깔이 퇴색된 것도 아니고
어디 한군데
찢겨진 곳도 없는데
걸레처럼 버려졌구나

라벨도 뜯겨지지 않고
포장지가
아직도 푸른 숨 쉬고 있는
멀쩡한 것들이
그대로 버려졌구나

분리수거장에

사지가 멀쩡하고
꽃보다 잘생긴
그대가
스스로 버려진 꽃이 되어
오늘밤에도 찾아가는

그곳
서울역 지하도
시멘트 바닥

보신탕

아무리
삼복더위에 지쳐있기로 서니

내가
어떻게 너를 먹을 수 있겠니

어젯밤
너와 나

한 이불 속에서
같은 꿈을 꾸고 잤었는데

2부

꽃잔디

꽃이 작고 보잘것없다고 비웃지 마시라

기죽지도 말라

작고 보잘것없는 꽃이지만
소리도 없이
모여서
제 앉은 자리라도 아름답게 물들이고
있으니

밥은 먹고사니

아파트는
사람들이 살기 위해서
만들어 놓았는데

아파트 구석구석에는
거미도 줄을 치고
노래기도
분주하게 움직이고
이른바
돈벌레를 위시해서
이름도 모르는 생명들이 터를 잡고
주인행세를 하고 있는데

우리는
밤낮으로 일하고
투잡
쓰리잡을 해도
밥 먹기가 힘들어 죽겠는데
너희는 도대체

몇 날을 그 틈바구니에 끼어 놀고만 있으면
밥은 어디서 나오니?

하기사
집 만드는 것이
식은 죽 먹기보다 쉬운 너희들

혹시
캡투자라도 해서
여기저기
수십 채 만들어 놓고
임대료를 받아먹고 사는 것은 아닌지
몹시도
궁금하구나

그래도
밥은 먹고 살자

때로는 삐뚤어진 것이 더 아름답다

굽은 허리를
오직
지팡이 하나에 의지하며
무거운 발걸음을 옮기는
할머니의
삐뚤거리는 걸음걸이가 아름답습니다

굽은 허리
마디마디마다 문신처럼 각인된
할머니의 지나간 삶이
발걸음 위에
소설로 쓰여지고 있습니다

바위산 비탈길에서 벌거벗은 몸으로
비바람 얻어맞으며
삐뚤어진
생의 이야기를 쓰고 있는
저 굽은 소나무가
피카소가 되어

허공이라는 캔버스에
자신만의
그림을 그리고 있습니다

옹이 마디마디마다
갈지자로 이어져 온 생이
햇살 물감에 채색되어
바람 한줌 불 때마다
그림 한 컷입니다

지나온 삶이
저 굽은 소나무처럼
굽은 허리 곳곳에 굳은살로 박혀
지팡이로 걷고 있는
할머니의 모습이
피카소 그림보다도 아름답습니다

초등학교 운동장

내가 초등학교 때
월드컵축구장만큼 끝도 없이 넓게만 보였던
학교 운동장이
내가 어른이 되어 찾아가 보니
우리 집 앞마당이나
다를 게 없이 작아만 보였다

내가 어릴 때
커다란 태산처럼
넘을 수 없이 무섭게만 보였던
우리 아버지가
나도 어른이 되어서 보니
한없이 약하고 초라하게만 보였다

그렇지만
그 손바닥만 한 운동장에서
내 형설의 꿈이 무럭무럭 자라났고

약하고

초라한 아버지의 가난한 가슴속에서
나의 오늘이
꽃으로 활짝 피어났다

먼 훗날
내 아이들도
나와 똑같은 생각을 하면서
어른이 되어갈 것이다

번제

배롱나무가
찬바람 앞에서 스스로 옷을 벗는다
실오라기 하나 걸치지 않고
벌거벗었다
죄인이 된 심정으로

내 잎 떨어지고
내 꽃 지고 나서야
비로소
아래가 보였다

피지도 못하고
사라져 간
풀꽃들의 신음소리를

내 꽃 피우고 싶은 욕심이 지나쳐
그만
못 들은 체
못 본 체해버렸다

〈
늦었지만
이제라도
참회하는 심정으로

하늘을 향해
맨가지를 펼쳐 보이며

두 손 모아
기도하는 심정으로

민들레

원래부터
내 자리란 없었다

볕 잘 들고 물기 넉넉한
자리를 차지하기 위해서
욕심 부려 투기한 적도 없었고
누구를 밀쳐내고
나만을 위한 동그라미를 그린 적도
없었다

그저
바람이 점지해준 곳이면
어느 곳이든지
내 집이려니 하고
일가를 이루고 살았다

살다 보니
꽃도 피고
험지에 나간 자식새끼들도
이상하리만치
잘 풀렸다

〈
그게 다
내가 잘나서 되는 것은 하나도 없었다
모두가 바람의 덕이고
아직
그에게 진 빚도 남아있다

한세상 살다보니
머리에는 흰 서릿발 내리고
듬성듬성 이도 빠지고
기억은 가물가물

예나 지금이나
잊지 않고 거처할 자리나마 마련해주는
바람이 있을 뿐
더 이상
나비도 벌도 오지 않는다

꽃대만 남아
빈 집을 지키고 있다

위대하다는 것이란

하루살이도 자기를
사랑하는지
미워하는지는
안다

죽이려고 하면
모두들 도망을 가버리고

가만히 있으면
저를 사랑하는 줄 알고
다시
모여 든다

하루밖에 못 사는 것들이
하루가 지나기도 전에
가족의 숫자를
수백 배가 되도록 만들어 놓으니

따지고 보면

이런 것들이
참으로 위대한 것이다

아무 것도 가르쳐주지 않아도
하루 안에
할 것은 다하고
죽으니까?

알고도
실천도 안하는 인간도
자칭
위대하다고 하는데

10월

잠결에 아스라이
창문 두들기는 소리

문을 열어젖히고
누군가를 찾지만 아무도 없네

꿈이었나 싶어
다시 눈을 감으려는데
또
두들기는 소리

또다시
문을 열고 보니
창가에서 시월의 잎들이 손짓하고 있었네
시월의 노래를 부르며

따라 부르는
참매미
마지막 반주소리가

서글프게도 옛이야기를 끌어내네

하늘 높이 떠가던
뭉게구름도
아쉬운 눈물을 짜고 있었네

엊그제까지
불타던 태양도 풀이 죽어있고

시월이 오면
그리운 사람이 있다네
시월의 잎들에
자꾸만
오버랩 되는 아쉬운
그 얼굴

가짜뉴스

어떤 때는
조화가 생화보다
더 아름답게 보일 때도 있습니다
물론
향기는 없지만요?

때로는
거짓말이 진실을 넘어
더 그럴듯하게 사람들을 혼미 속으로
몰아넣고 맙니다
마약에 취하듯이

논에 피가 무성하면
농부의
그해 쌀농사는 망치고 맙니다
가짜뉴스란
악마의 미소를 감추고
세상 속으로 들어가
너와 나를 갈라놓는 파멸의 씨앗을

뿌립니다
독버섯이 눈에 보이지도 않는
홀씨를 날리듯

인류의 재앙
코로나 바이러스가
변이를 거듭하면서
우리들 생명을 위협하고 있듯이

한번 퍼뜨린 가짜뉴스도
수시로
옷을 갈아입으면서
우리들을
파멸로 이끕니다

염천지절에도
농부는 논에서
피를 뽑고 있습니다

광야의 샘에서

누에나방이
창공을 훨훨 날기 위해서는
자신이 만든 바늘구멍을
스스로
통과해야 된 답니다

가엾다고
카프만 부인처럼
가위로 구멍을 키워주면
나방은
날지 못한 답니다

몇 날을 걸려서라도
젖 먹던 힘까지
다해
자신의 지혜와 노력으로
구멍을 뚫고 나온
나방이라야
창공을 훨훨 날아다닌 답니다

〈
살아가면서
뭐든지 쉽게 얻어내려 하고
편법이라도 동원해서
남보다
앞서가야만 직성이 풀리는 사람들

손쉽게 얻은 재물로
당장의 배는 부르겠지만
그 배부른 재물은
오래가지 못합니다

쉽게 얻은 것은
또한
쉽게 잃어버리기 때문입니다

* 광야의 샘(저자: 카프만 부인)

마지막에 피어난 꽃

늦가을
아파트 담장에
어지럽게 헝클어진 장미 넝쿨 사이로
부끄러워
숨은 듯이 피어난 장미꽃 세 송이가
참으로 아름답습니다

오뉴월
셀 수도 없이 오고간
동료들과
지천에 널린 꽃들에게는
무관심으로 보내버리더니

막바지 가을 서릿바람에 놀라
비로소
잠을 깼는지
부시시한 모습이 더 아름답습니다

늦게라도 피워주니

옆에서 지켜보는 눈들은 고맙기 그지없구요

늦장미야
서릿바람에 시리고 아프겠지만
오래오래
울타리를 빛내다오

그저
고맙고도
고맙구나

여백

내 안을 비워 놓아야
남의 이야기도
나의 화수분이 됩니다

여백이 잘 조화된 그림이
아름답게 보이듯

틈이 있어야
햇살도
바람도
별빛도
머물다 갑니다

과밀한 도시가
아침저녁으로
치열한 싸움터가 되듯이

여백이 없으면
평화와 여유는 사라지고

살벌한
이전투구만 있을 뿐입니다

훗날에라도 꽃피우는
내가
되기 위해서는
여백은 나의 숨쉬는
쉼터입니다

변명

내 나이 칠십에
무슨 벼슬을 하겠다고

눈도 어둡고
귀도 어둡고
듬성듬성 빠진 잇 사이로
새앙쥐가 드나들 정도인데

그 좋던 기억력도 쇠잔해
한참을 더듬거려야
잊혀진 단어를 찾아낼 정도가 되어버렸는데

젊은 날의 한을
그대로 두고 떠나면
내 혼이
구천을 헤매고 있을 것만 같아
마지막
살풀이하는 심정으로
가난한 보따리라도 풀어보는 건데

〈
시가 되어도 좋고
횡설수설
잡문이어도 좋고

내 뜻대로 할 수 있는 일이
유일하다면
아직은 식지 않은 가슴을
감사한 마음으로 풀어보련다

지나가던 강아지가
노망들었다고
낄낄거릴까봐 겁도 나지만

아버지

믿고 쓰는
다기능
필수 소모품이지요

거기다가
내구성도 으뜸이고
충직하기까지 해서
몇 십년 을 두고 사용해도
삐거덕거리는 소리 하나 없고

여기저기 고장이 나서
만신창이가 되어도
돈 벌어오는
임무 하나만은 개근생

닳아서 폐기처분할 때가 되어도
보상금
한 푼 바라지도 않고
스스로

자책만

있어도 그만
없어도 그만인 손님 신세가
되면
알아서
가을낙엽처럼 사라져주는
보통명사

사라지면서도
걱정 하나는 떨치지 못하고
가는
내 주머니 같은

그 이름은
아버지

아내의 등

나는
불을 지르기만 했고
아내는
그 불을 끄기 바빴다

허구헌 날
잠재워야 하는 불 때문에
아내의 등은
활처럼 휘고 말았다

아내는
자신의 휜 등거리에
혹부리처럼 박혀있는
삼형제의 등꽃을 피우고 나서야
밤이면
휜 등을 겨우 펴보려 하지만
이미 굳어진 화석이 되어 우지끈 소리로
자고나면 병원 달려가기 바쁘다

〈
얘들아
엄마의 저 흰 등에서
너희들의 꽃이 피웠나니
이제는
엄마의 등은 엄마에게 돌려주자구나

아내는
아직도 피우지 못한 꽃이 있다면서
첫이슬 밟으며
다시
새벽길을 재촉한다

아내의 삶의 의미는
삼형제의 눈빛에서 다시 꽃으로
피어날 것이다

3부

그대의 천국

더 좋은
세상이 왔다고
잘 있던 자리 박차고
보도블록 위로 올라온
그대

빗줄기 그치고 나면
그대 앞에
덮쳐 올 형극

어쩌면
가보지 않은 길이 기다리고
있을지도

아마도
그대가 찾는 천국은
그대가 방금 전까지 살던
그곳일 수도 있다는 것

꽃이 된 그녀

꽃을 좋아해
꽃밭에만 가면
나비처럼 훨훨 날았던 그녀가

꽃밭을 가꾸더니
마침내
꽃으로 꽃이 되었다네

꽃이 된 그녀가
장미꽃이면 어떻고
이름 없는 들꽃이면 어떤가

시답잖은 편견일랑
그녀를 위해
바람 속으로 날려 버리세

두텁게 드리워졌던
먹구름을 지우며
스스로

꽃이 되어 불 밝힌 그녀가

지지 않는 꽃밭에서
꽃으로 살다가길 바라세

호떡 굽는 할머니

휘몰아치는 눈발에
가물거리는 호롱불을 안고
바람막이도 없는 길거리에서
호떡을 굽는 할머니

눈길 한번 주지 않는 사람들이 원망스러워
호떡이 지글지글 타는 줄도 모르고
연신해서
꾹꾹 눌러대기만 하신다

깊어가는 밤길에서
쌓여만 가는 호떡들이
무게가 되어
시커멓게 타들어가는 시름처럼
할머니의 겨울밤이
천근만근이다

나방의 꿈

꿈속에서라도
나비인 양 살고 싶던
나방

불꽃도
꽃으로 알고

불꽃 속으로 날아간
그

끝내는
꿈도
함께 타버리고 말았습니다

검은꽃

구순을 넘기신 어머님 얼굴은
온통
꽃밭입니다
검은꽃들이 만개하였습니다

고개 넘어 자갈 밭뙈기
호미질이
꽃이 되었을 것이고

5남매 뒷치닥거리에 뿌린 눈물이
꽃이 되었을 것이고

양어깨에 짊어진
맏며느리 시집살이 무게가
꽃이 되었을 것이며

가도 가도
끝이 없는 가난이
저토록

검은꽃이 되어 피어났을 것입니다

지난한 세월에 절인 설움은
망각의 꽃봉오리에
바위처럼 굳어져
순간순간
레테강에 발을 담그기 시작하시니

그 꽃
지는 날을
아시는지? 모르시는지?

어머님
검은 꽃이면 어떻습니까?
어머님이 피우신 꽃이라서
지지 않는 별빛처럼
그저
아름답고 찬란하기만 하답니다

부디
오래
오래도록
피우고 계세요

프리즘

그대여

살다가
살다가
보고 싶지 않은 것을 보게 되거든

살다가
살다가
가슴을 할퀴는 말을 듣게 되거든

살다가
살다가
마음에 없는 곳을 갈 때에도

확대경을 들이대지 말고
한번쯤은
프리즘을 비춰보세요

때로는

힘든 세상도
몹시 싫은 사이에도
마음먹기에 따라
다르게
보이니까요

프리즘처럼

절벽

가진 것 없는 사람들에게
가난이란
아득한 절벽과 같습니다

아침 출근길
굶주린 지렁이들이 수도 없이
길바닥으로 뛰쳐나와
개미들의 허기를 메워주고 있습니다

살림살이 팍팍하기는
땅 위나
땅 밑이나
다를 바 없는가 봅니다

새벽 기차를 타는 사람들의
눈꺼풀은 하나같이
절벽처럼
굳게 닫혀져 있습니다

〈
눈을 감아야
아스라하게
보이는 것들이 있기에

가슴을 짓누르는
사라지지 않는 종기 덩어리들이
원근 위에 잡히고 있습니다

대추나무

봄이 왔다는데
봄이 온 줄도 몰랐습니다

세상의 모든 것들이
봄바람에 신이 나서 춤을 출 때
그때도
겨울의 한복판에 웅크리고 있었습니다

늘
혼자였습니다

남들 다 지난간 뒤에
겨우
잎이라고 내고
발바닥에 땀이 나도록
뛰었지요

시답잖은 꽃이라도
꽃이라고 자위하며 만족했습니다

가냘픈 웃음도 사치였는지
청천벽력 같은 벼락에
생팔을 잃고
온 몸뚱아리는 성한 데가 없이
옹이가
박혀버렸습니다

그래도
죽기보다 싫은 패배가
나를
가만히 놔두지 않았습니다

앞만 보고 뛰다보니
풋대추일망정 남보다
먼저
젯상 첫자리에 올랐습니다

아픔이 깊고도 길었기에
서글픈 마음 하나는
독하게 심어놓았습니다

지나온 날들을
결코
잊을수가 없었습니다

흩날리는 나뭇잎

흩날리는 나뭇잎을 보면
가슴이
철렁 내려앉는다
마치
흩날리며 살아온
내 인생 같아서

흩날리는 나뭇잎을 보면
괴롭다
마치
세상 이곳저곳을 할 일 없이
돌아만 다녔던
내 젊은 날 같아서

흩날리는 나뭇잎을 보면
외롭다
마치
손잡아주는 사람 하나 없이
절벽을 오르던

내 배움의 길 같아서

흩날리는 나뭇잎을 보면
쓸쓸하다
어느새
둘 곳 없는 늙은 몸이 되어
서산 바라보기도 부끄러워

부끄럽습니다

전철을 타고가다 접한
한 줄
도움을 요청하는 애절한 메세지에
휴대폰 한 통화를
가볍게
눌렀을 뿐인데

뒤따라 되돌아온
감사메세지를 넘치게 받고
메마른
내 가슴을 후려치는 부끄러움에
내릴 때까지 고개를 들 수가
없었습니다

그동안
셀 수도 없이 받고도
그냥 묻어버린
내 양심을 들켜버렸기 때문입니다

갈대처럼

내가 초록이었을 때
너도 초록이었고

네가 꽃피울 때
나도 꽃피웠지

이제
너도 시들어 가고
나도 시들어 가고

깡마른 꽃대만 남은
우리들

가다가
가다가
바람에 부딪혀 넘어질망정
사각사각
부벼대면서 어울려 가자

갈대가
부벼대는 것처럼

나의 친구

푹푹 찌는 여름날
진정한 나의 친구는
가난한 앉은뱅이
선풍기 하나

잠시만 멀어져도
절대로 거리를 허용하고 싶지 않아
짜증도 나겠지만
곧바로
감정을 풀고 더위를 식혀주는
친구는
오로지
가냘픈 너 하나

메마른 세상 살아오면서
너처럼 생긴 친구
내게는
또 있단다

〈
카톡 한 줄의 짧은 소식에도
시원시원한 바람을 한 아름 담아 보내주는
선풍기 같은
나의 친구 말이다

굽은 소나무

누군들
이렇게 살고 싶었겠습니까?

구름 한 조각 머물
자갈밭 한 뙈기도 없는 형편에
눈물 마를 날이 없이
허구헌 날
술타령에 싸움질에 질려
돌 틈이라도 비집고
살아가야
울 엄마 새벽이슬 모아 정한수 떠놓고
길 잃은 늦별에라도
자식새끼 갈 길 묻는 정성에
가슴이 사무쳐
억지로라도 살아야 하지 않겠습니까

바람 앞의 촛불처럼 가물가물하게 시작된 삶이었기에
성공이든 실패든 간에
내 눈물과

어머니의 눈물을 반죽처럼 짓이겨
돌 틈도 감지덕지
뿌리를 내리고 있는 것입니다

스쳐가는 칼바람마다 재미삼아 잡아채
굽고 비틀어진 억지가
일상이 되어
이렇게
이렇게라도

비록
지나가는 사람들의 구경거리로
길 잃은
바람이나 쉬어가는 곳이지만
포기란
내 사전에는 없는 단어였으니까요

회양목

아예
집안 깊숙이 들어가 사는 것은
포기한지 오래다

집밖에 둘러친 경계선을 따라
사시사철 푸른 눈을 부릅뜨고
비바람 눈보라에도
보초를 서는 것이
내 임무가 되어버렸다

잘났던 못났던
생긴 대로 살도록 놔두지도 않고
자기들 취향대로
자르고 가위질해서
내 육신의 상처가 아물 날이 없다

옆집의 오동나무 자작나무가 부러워
모가지를 내미는 순간
여지없는 가위질에

생사를 가르는 청피가 범벅이 되어
내 마음은
또다시 나락으로

하지만
참는다 참아야 한다
변두리라도 지키면서 살아있어야
내일이라도 기약할 수가 있으니

누군들
자기 마음대로 살고 싶지 않은
사람이 어디 있겠는가

나는
오늘도
남의 뜻과 의지로만 살아야 하는
회양목 같은
비정규직 피고용자에 불과하니까

끓는점이 높았더라면

피는
16도만 되어도 펄펄 끓는가 봅니다

그래서
방심하고 있다가
모두들
데이는가 봅니다

물처럼
끓는점이 높았더라면
데여서
사고 나는 일이
없었을 터인데

피가
붉다는 것을
미처
몰랐겠지요

〈
붉은 정열의 온도를 재는
온도계는
가슴속에만 존재하니까요

4부

떡갈나무

언제부터인지는
몰라도

떡갈나무 잎을 갉아먹는
벌레를
보고 있으면

노을져가는
내 나이를 갉아먹는
벌레 같기도 해서

내 마음도
덩달아
쓸쓸해집니다

오늘 밤도
그렇게
나의 N분의 1은 벌레 밥이 되어
떡갈나무 잎처럼
흔적도 없이
사라져버릴겁니다

회초리가 아닙니다

꽃을 자라게 해주는 것은
요란한 천둥이 아니라
비라고 합니다

아이에게 필요한 것은
회초리가 아니라
화롯불처럼 따뜻한 사랑입니다

구름이
하늘이 될 수 없듯이
회초리는
어린 싹을 감화시키는
따뜻한
사랑이 되지 못합니다

부드러운 진흙이
연꽃을 빚어내듯이

온유한 사랑만이
새싹들을
향기 나는 꽃으로 자라나게 합니다

한뎃잠

옷이 없어서
벗고 다니는 사람 없고

먹을게 없어서
굶주린 사람은 별로 없는 것
같은데

남의 잠자리를 뺏어
움켜쥐고
흥정하는 사람들 때문에

오늘밤도
길 잃은 별이 되어
내 마음은
하늘 한귀퉁이를 맴돌고 있습니다

찬바람이 불면

찬바람이 불면
댓잎
부벼대는 소리가
내 몸 어긋나는 소리가 되어
삭신이 쑤셔옵니다

찬바람이 불면
한줌
소슬바람에도 흐느적거리는
갈대의 외로움에
내 고독한 가슴마저 저며옵니다

찬바람이 불면
지나간 내 발자취가
쓸쓸한 오솔길이 되어
외로움에 떨게 합니다

찬바람이 불면
주인 잃어버린 엽서 한 장

갈 길 헤매는 낙엽처럼
긴 한숨으로 쓰라립니다

찬바람이 불면
휘몰아치는
칠부능선에서 뒤돌아보는 지나온 길들이
아득하기만 합니다

요양병동

하루 내 걷고 걸어도
제자리에서 맴도는 세상의
다른 이름

망각의 꽃잎들이 노을이 되어
모여든
마지막 주소지

가을바람에 너울거리며
나비처럼 사라지는
창문 너머
삭은 떡갈나무 잎사귀 하나에도
가슴이 찢어지는 곳

그래도
이 가을의 낙엽만은
따라가고 싶지 않아
울음마저 삼켜버리고 싶은 곳

〈
엄습하는
종착역의 퀘퀘한 냄새가
천 가지 만 가지 사연으로 헝클어져
황사처럼 밀려오면

오래된 기억들이
휴지조각이 되어
하나하나
모래바람에 묻혀버립니다

아침에 눈을 떠보아야
식판의 밥무덤이
다시
허기가 되어 피어올라 옵니다

날개 꺾인 새라고
새장이 반가울 리 없겠지요

ㅁ 와 ㅇ

땅을 보니
네모 같은데
하늘을 쳐다보니
둥근 것이 맞구나

ㅁ 와 ㅇ을 차지하면
세상을 모두 얻는 것과
무엇이 다른가?

언제나
모자라고 갈증 난
내 마음까지
따뜻하고 넉넉하게 품어주니

저 속에
숨어있는
셀 수 없는 점들은
풀지 못한
나의 숙제

〈
나는 기껏해야
세모에서
몸부림치는
못난이

연장

도끼 자루가 썩고
호미 자루가 빠지고
대패 칼날이 무디어졌다고
아무 데나 내버려두면
진짜로 녹이 슬어
아예 쓸모없는 쇳덩어리로 전락해 버립니다

썩고 빠지고 무디어졌어도
다시
수선하고 갈고 닦으면
그런대로
쓸 만한 연장 노릇을 하게 됩니다

나이 먹어 그러려니
하고
내 몸 돌보지 않고 방치하면
아무 쓸모없는 쇳덩어리로
여기저기 굴러다니는
연장과 다를 바 없어지게 됩니다

〈
살아있는 동안
무뎌진 몸도 마음도
갈고 닦으면
노을처럼
주변을 아름답게 물들이며 갑니다

폭우

한 번은
용서를 해주었다
신이 아닌 이상
누구라도 잘못이 없을까 싶어
잠자는 시간에
깰세라
흔적도 없이 덮어주었었다
지난 겨울에

두 번은 안 된다
더 이상은 용서가 없다
반성을 하지않는 삶이란
실패의 연속이다

고름이 살 안 된다는 말이 있다
악취가
향기가 될 리 만무하다

그래서

잘못된 것은 도려내기로 했다
더 큰 화를 당하기 전에

지난겨울
용서가 과했던가 보다
여름이 다가도록
길고긴 장마가
연일 폭우가 되어 쏟아진다
가을 문턱을 넘은 지가
오래 되었는데도

화가 나도
단단히 났는가 보다

친구 사이

친구 사이란
가까이 살지 않아도
항상
옆에 사는 것처럼 느껴지는 사이
입니다

친구 사이란
언제나 함께할 수는 없지만
기쁠 때나 슬플 때나
항상
먼저 생각되는 사이입니다

친구 사이란
내가 가장 아끼는 것을 주어도
전혀
아깝지 않게 생각되는 사이
입니다

친구 사이란

무슨 말이든지
함부로 해도 된다는 뜻이 아닙니다

친구 사이란
무슨 말을 해도
다 이해한다는 뜻도 아닙니다

친구를 위해
등불을 밝혀 보세요
내 앞도 더불어 밝아집니다

홍학

수만 마리의 홍학이
일시에 날아올라도
한 마리도
부딪혀 사고 나는 일이 없습니다

새보다
낫다는 인간들은 아비규환에
죽고 다치는 사람이
부지기수입니다

나만 먼저
나만 안전하게
그러다가
나만 먼저 가버리고 맙니다

배려는
남을 위한 것이 아니라
바로
나 자신을 위한 것입니다

〈
배려는
꽃보다 아름다운
사랑입니다

웃으면서 삽시다

바쁜 세상에
남의 험담만 하면서 살면
되나요

칭찬만 늘어놓아도
부족한 시간에

웃고 삽시다
욕이라고 생각되거든
조금만 비틀어서 보면
약이 됩니다

인생길
길고 긴 것 같지만
한순간이거든요

뭐그리
잘났다고
이해 못하면서 살 일이 있나요

〈
서로서로
조금씩 양보하면서 살다 보면
너도 피고
나도 피는 날 오거든요

꽃처럼
웃고 삽시다

장미 넝쿨

꽃 지고 난
장미넝쿨이 험상궂다

한때는
세상에서 가장 아름다운
꽃을 피워냈던
저 가시가 달린 넝쿨들

그때는
무심코 지나쳤던 가시들이
앞뒤 가리지 않고
무소불위로
울타리 너머를 휘젓고 있다

꽃도
향기도 잃어버린
장미 넝쿨에
사람들은 피해만 갈 뿐
예전의

눈길 한번 주지않는다

한창 때는
꽃길에서 꽃으로 건들거렸던
그도
장미 넝쿨처럼
온몸에 가시가 보이기 시작했다

힘센 팔을 휘젓고 다니던 때가
그리웠는지
가는 곳마다
흙바람을 일으키고 있다

너울거리는 넝쿨이 잘려나가듯
그가
잘리지 않기만을 바랄 뿐이다

포도송이처럼

술 친구는
술 끊으면 끊어지고

돈을 보고 몰려든 친구는
돈 떨어지면
썰물처럼 빠져나가고

권력이라는 우산 속에서
맺어진 친구는
끈 떨어지면 도망가고 맙니다

목마를 때
물 한모금이
갈증을 풀어주듯이

내가 힘들 때도
변함없이
내 곁을 지켜주는 친구가
진정

소중한 친구입니다

작은 포도알이 모여
탐스런
포도송이가 되듯이

그런 친구라면
포도송이처럼
많을수록 좋겠습니다

여론

바닷물과 같아서
득이 되든 손해가 나든
남이 하면
나도 해야 되는데
나만 못하게 되면
왠지모르게 나만 손해 보는 것
같아
이성을 잃어버리고 맙니다

책이 많이 팔린다고
반드시
좋은 책은 아니듯

꽃이 예쁘다고
향기까지
좋은 것은 아니듯

여론이 높다고
반드시

옳은 정책은 아닙니다

바람에 넘어지지 않는 나무가
끝내는
마을을 지키듯

옳은 생각은
언젠가는 빛을 보게 됩니다

부모와 자식

어릴적
돈 벌러 나간 엄마와 아빠를
하루 종일
애타게 기다린 너희들

나이 먹어
늙고 병들은 우리

어릴적
너희들이 그랬듯이

우리도
너희들의 소식을
온종일 기다리고 있단다

어느새
부모와 자식의 위치가
이렇게 뒤바뀌며
사과가 햇살에 붉어지듯
가족이라는 열매가 익어가는가 보다

■□ 해설

관찰하며 관조하는 삶

안은숙(시인)

　『손가락 꽃』은 김관동 시인의 두 번째 시집이다. 전형적인 시작법을 따르고 있는 김관동의 시는 유심(幽深)한 골짜기와 같은 마음을 풀어놓고 있다. 차분하게 지나온 삶을 돌아보며 내면을 성찰하고 정직하게 표현해내기 위한 시적 주체자로서, 시간 흐름에 따른 시들을 모아놓는다. 장식도 없이 쉽게 써 내려간 진정성 있는 시(詩)들로 귀를 열게 하고 공감대를 형성한다.

　삶의 이치, 늙음과 소멸에 대한 근원적 문제로의 접근과 감정을 표현해낸 시집은 현실에 대한 혹은 존재에 대한 내면이 갖는 아쉬움과 애상을 표출하고 있다. 자신의 시선을 붙잡는 것들을 돌아보며 내면 통찰로 이어가는 시들은 지극히 간단하게 축약된 형태로 의미를 부여하고 있다.

도끼 자루가 썩고

호미 자루가 빠지고

대패 칼날이 무디어졌다고

아무 데나 내버려두면

진짜로 녹이 슬어

아예 쓸모없는 쇳덩어리로 전락해 버립니다

썩고 빠지고 무디어졌어도

다시

수선하고 갈고 닦으면

그런대로

쓸 만한 연장 노릇을 하게 됩니다

나이 먹어 그러려니

하고

내 몸 돌보지 않고 방치하면

아무 쓸모가 없는 쇳덩어리로

여기저기 굴러다니는

연장과 다를 바 없어지게 됩니다

살아있는 동안

무뎌진 몸도 마음도

갈고 닦으면

노을처럼

주변을 아름답게 물들이며 갑니다

– 「연장」 전문

  시집 첫 장에 놓인 시는 '자신의 몸'을 '연장 도구'에 비유한다. 서양에서는 '몸'에 대해 생명이 없는 물체로 의미하기에 신체를 물체의 일종이라 생각했다. 물론 동양에서는 신체와 물체를 마찬가지로 간주하지는 않는다. 하나의 '몸'이 태어나고 '몸'은 쓰임을 다하며 살아간다. 각각의 신체 부위에 따른 역할과 구실로 '몸'의 위기는 어느 날 느닷없이 불시에 찾아오기도 하고, 오랜 시일을 거쳐 서서히 찾아오기도 한다.

  하지만 그렇게 사용된 '몸'도 세월을 지나 약해지기 마련이다. 시인은 다만 무뎌지고 녹이 슬고 쓸모를 다하여 한낱 껍데기에 불과한 연장 도구처럼 '몸'을 보아서는 안 된다는 것이다. 잘 만지고 다듬으면 아름답게 오래 쓸 수 있는 하나의 도구와 같다고 읊조린다. "나이 먹어 그러려니/ 하고/ 내 몸 돌보지 않고 방치하면/ 아무 쓸모가 없는 쇳덩어리로/ 여기저기 굴러다니는/ 연장과 다를 바 없어지게 됩니다" "무뎌진 몸도 마음도 갈고 닦으면" '관찰'과

'관조'의 시선으로 시인은 삶의 재창조를 글쓰기에 열중하고, 제2의 시집을 내어놓는다.

> 굽은 허리를
> 오직
> 지팡이 하나에 의지하며
> 무거운 발걸음을 옮기는
> 할머니의
> 삐뚤거리는 걸음걸이가 아름답습니다
>
> 굽은 허리
> 마디마디마다 문신처럼 각인된
> 할머니의 지나간 삶이
> 발걸음 위에
> 소설로 쓰여지고 있습니다
>
> 바위산 비탈길에서 벌거벗은 몸으로
> 비바람 얻어맞으며
> 삐뚤어진
> 생의 이야기를 쓰고 있는
> 저 굽은 소나무가
> 피카소가 되어

허공이라는 캔버스에
자신만의
그림을 그리고 있습니다

옹이 마디마디마다
갈지자로 이어져 온 생이
햇살 물감에 채색되어
바람 한줌 불 때마다
그림 한 컷입니다

지나온 삶이
저 굽은 소나무처럼
굽은 허리 곳곳에 굳은살로 박혀
지팡이로 걷고 있는
할머니의 모습이
피카소 그림보다도 아름답습니다

- 「때로는 삐뚤어진 것이 더 아름답다」 전문

 나이가 들면 들수록 육체는 쇠약해지고 점점 굽어 간다. 하지만 굽은 몸을 보면서 「때로는 삐뚤어진 것이 더 아름답다」고 시인은 말한다. "저 굽은 소나무가/ 피카소가 되어/ 허공이라는 캔버스에/ 자신만의/ 그림을 그리고 있습니다"처럼 구부러진 소나무를 바라보며 그려지고 풀어놓는 한 생을 생각하듯, "지나온 삶이/ 저 굽은 소나무처럼/ 굽은 허리 곳곳에 굳은살로 박혀/ 지팡이로 걷고 있는/ 할머니의 모습이/ 피카소 그림보다도 아름답습니다" 시인의 내면에 노파의 한 생이 유심히 흘러가고 있다. 그 모습을 아름답게 바라보는 유정(幽靜)한 정서가 발효되고 있다. 허무와 체념, 슬픔의 감정보다는 아름답게 승화된 감정으로 바라보는 시인의 시선이 마음을 붙잡는다.

하지만 이러한 따뜻한 시선과는 달리 유감을 표시하는 시들도 있다. 한 개인의 삶이 아무리 아름답고 유장한 서사를 가졌다 해도 사회적으로나 도덕적인 잘못은 여론을 피할 수는 없을 것이다.

> 바닷물과 같아서
> 득이 되든 손해가 나든
> 남이 하면
> 나도 해야 되는데
> 나만 못하게 되면
> 왠지 모르게 나만 손해 보는 것
> 같아
> 이성을 잃어버리고 맙니다

책이 많이 팔린다고

반드시

좋은 책은 아니듯

꽃이 예쁘다고

향기까지

좋은 것은 아니듯

여론이 높다고

반드시

옳은 정책은 아닙니다

바람에 넘어지지 않는 나무가

끝내는

마을을 지키듯

옳은 생각은

언젠가는 빛을 보게 됩니다

– 「여론」 전문

세상의 흐름을 볼 때 '여론'은 사회생활에 많은 영향을 준다. 공동사회에서 특히 해결해야 하는 사회적·정치적 문제점이 발생했을 때 사람들은 여론을 형성한다. 즉 사회 구성원 다수의 생각과 함께 공통된 의견 중에서 지지를 받게 되는 의견이 여론으로 나타나게 된다. 하지만 아무리 다수의 관심과 지지로 인정되는 공통된 의견을 가지고 있는 여론이라 하더라도, 부당하게 어떠한 권력과 압력에 의해서 왜곡되거나 금압이 되어서는 안 될 것이다.

"책이 많이 팔린다고/ 반드시/ 좋은 책은 아니듯" "꽃이 예쁘다고/ 향기까지/ 좋은 것은 아니듯" 사람들이 많이 가는 방향으로 쏠리거나 타인이 제시한 의견에 그대로 동조하는 것은 일을 그르칠 수 있다. "여론이 높다고/ 반드시/ 옳은 정책은 아닙니다"라고 시인은 단호하게 말한다. 여론이 높다고 다수의 움직임이 옳음이 아니라는 것을 말하는 것이다. 여론의 의견과 활동들은 개인의 전인격에 기초를 두어야 한다. "바람에 넘어지지 않는 나무가/ 끝내는/ 마을을 지키듯" "옳은 생각은/ 언젠가는 빛을 보게 됩니다"처럼 내면의 인격적인 성숙과 더불어 객관적이고 올바른 생각과 정확한 정보로 여론이 형성되고 그 방향과 기능이 제대로 발휘될 때 우리는 밝은 미래를 만들 수 있는 것이다.

어떤 때는
조화가 생화보다
더 아름답게 보일 때도 있습니다
물론
향기는 없지만요?

때로는
거짓말이 진실을 넘어
더 그럴듯하게 사람들을 혼미 속으로
몰아넣고 맙니다
마약에 취하듯이

논에 피가 무성하면
농부의
그해 쌀농사는 망치고 맙니다
가짜뉴스란
악마의 미소를 감추고
세상 속으로 들어가
너와 나를 갈라놓는 파멸의 씨앗을
뿌립니다
독버섯이 눈에 보이지도 않는
홀씨를 날리듯

인류의 재앙

코로나 바이러스가

변이를 거듭하면서

우리들 생명을 위협하고 있듯이

한번 퍼뜨린 가짜뉴스도

수시로

옷을 갈아입으면서

우리들을

파멸로 이끕니다

염천지절에도

농부는 논에서

피를 뽑고 있습니다

– 「가짜뉴스」 전문

   코로나로 인한 불안한 상황과 정치·경제적 이익만을 위해 의도적으로 유포된 가짜뉴스가 활개를 치는 요즘이다. 평화로운 일상을 압박해 왔다. 점점 개인 방송 유튜브가 인기를 끌게 되면서 진실처럼 포장된 가짜뉴스도 관심을 끌기 위해 더 많이 만들어져 넘쳐난다. 신뢰할 수 있는 기관의 도움이 필요하고, 제대로 된 판단력을 발휘할 때다. 거짓 정보, 조작된 정보는 개인이나 집단에 큰 피해를 준다. 가짜뉴스로 인해 여론이 왜곡되기도 하고 사회적 분열까지도 조장되어 갈등이 심화된다.

"한번 퍼뜨린 가짜뉴스도/ 수시로/ 옷을 갈아입으면서/ 우리들을/ 파멸로 이끕니다" 이렇게 조작된 정보의 가짜뉴스는 한 유튜브 채널로 시작해 기정사실이 되는 문제로까지 번지게 된다. "염천지절에도/ 농부는 논에서/ 피를 뽑고 있습니다" 코로나 상황에 겹쳐진 힘든 상황의 거듭이다. 가짜뉴스의 진원지는 반드시 찾아야 하며 정보의 조작 남발과 유포는 마땅히 규제를 받아야 마땅하다 하겠다.

경험하지 못한 태풍의 위력을
보고 있습니다
나뭇잎 하나
팔랑거리지도 않았는데
거목이 뿌리째 뽑혀버렸습니다

온 세상은
쥐 죽은 듯이 납작 엎드려
숨도 못 쉬고

태풍이 지나가기만을 기다리고 있지만

언제 다시
어디서 어떻게 몰아칠지
기상청도 예보를 전혀 못하고 있습니다
번번히
오보를 내고 마니까요

옛말에
여자가 한을 품으면 오뉴월에도
서리가 내린다는 말도 있고
순한 사람이 화를 내면
더 무섭다고도 합니다만

엉뚱하게도
태풍의 이름을 잘못 지었다고
정부에 대한 지지여론이
바닥을 기고 있다니

숨어서
미투를 겁내는 사람들이
한두 사람이 아닌가봅니다

오늘도

아침 뉴스에

태풍경보가 특보로 뜨고 있습니다

– 「미투」 전문

  사회는 크고 작은 여론의 힘이 발휘되고, 문단 내 권력에서 비롯된 문제들이 떠오르던 날도 있었고, 성폭력과 성추행 등 잠재적 문제들이 공개되고 사회 고발과 부정을 거론하던 날들이 있었다. 미투 운동은 정치, 사회 운동의 성격을 가졌고 여성의 위치도 차츰 변화되어왔다.

  그토록 견고했던 가부장적 제도가 무너졌다. 문학계와 우리 사회를 강타했던 미투 운동은 "언제 다시/어디서 어떻게 몰아칠지" 아직도 끝나지 않은 세상이고, 힘으로 눌러왔던 위상을 무너뜨릴 만큼의 큰 위력을 지녔으며 마치 그러한 날들은 언제 또 들이닥칠지 모르는 태풍에 비유하고 있다. 시인은 "오늘도/ 아침 뉴스에/ 태풍경보가 특보로 뜨고 있습니다"라며 문제적 시를 표현해내고 있다.

그대여

살다가
살다가
보고 싶지 않은 것을 보게 되거든

살다가
살다가
가슴을 할퀴는 말을 듣게 되거든

살다가
살다가
마음에 없는 곳을 갈 때도

확대경을 들이대지 말고
한 번쯤은
프리즘을 비춰보세요

때로는
힘든 세상도
몹시 싫은 사이에도
마음먹기에 따라
다르게
보이니까요

프리즘처럼

— 「프리즘」 전문

"살다가/ 살다가" 보면 좋은 일도 경험하게 되고, 좋지 않은 일도 겪게 된다. 특히 안 좋은 일에 맞닥뜨렸을 때, 우리는 그 일을 확대해서 보는 경향이 있다. 그럴 때일수록 "확대경을 들이대지 말고" 프리즘을 비춰볼 일이다. "힘든 세상도/ 몹시 싫은 사이에도/ 마음먹기에 따라/ 다르게 보이니까요" 타자를 대하는 나의 시선은 중요하다. 좋지 않은 상황에서는 타자를 보는 시선이 왜곡될 수 있다. 그런 면에서 시인은 '마음먹기'를 주시한다. 긍정적인 교감의 영역으로 마음을 이끌게 하자는 것이다.

바깥 풍경을 보면 아름답다. 또는 쓸쓸하거나 환희에 젖는다. 우리의 눈이 발견하지만, 내면이 이를 발견한 것이다. 다음에서 보여주는 「떡갈나무」 시가 그러하다. 이 시는 시적 주체의 내면 풍경이 떡갈나무에 투사된 것을 볼 수 있다.

존재하는 것은 순리에 따라 언젠가 사라지는 날이 있다. 시간의 흐름에 따라 언젠가는 누군가의 곁을 떠나는 순간에 봉착하게 된다. 삶에 대한 무상과 외로움, 슬픔이 내재하고 있을 때, 바깥을 향한 눈을 갖고 있지만, 이는 순전히 내면을 향하고 있는 마음의 눈이다.

    언제부터인지는
    몰라도

    떡갈나무 잎을 갉아 먹는
    벌레를
    보고 있으면

    노을 져가는
    내 나이를 갉아 먹는
    벌레 같기도 해서

    내 마음도
    덩달아
    씁쓸해집니다

    오늘 밤도
    그렇게
    나의 N분의 1은 벌레 밥이 되어

떡갈나무 잎처럼
흔적도 없이
사라져 버릴 겁니다

- 「떡갈나무」 전문

 시인은 떡갈나무를 보며 언젠가는 사라지는 것으로 삶의 아쉬움을 응축해 놓는다. 마치 노을이 지듯 어른의 시간, 그렇다면 존재하는 이 순간도 결국은 사라지기 위해 견디는 시간 아닐까. "떡갈나무 잎을 갉아 먹는/ 벌레를/ 보고 있으면" "내 나이를 갉아 먹는/ 벌레 같기도 해서" 삶의 허무를 떡갈나무를 통해 보고 있다. 나무와 벌레와의 상황으로 전개해놓고는 현재가 미래의 죽음으로 연결되고 위태로운 상황이 본질을 분리하는 것으로 되는 운명임을 피할 수 없다는 것을 말해주고 있다. 사라지는 것에는 만남과 관계와 소멸이라는 과정이 있다. 몸과 마음은 쇠퇴해 가고 마침내 소멸할 육체에 대해 한 대상을 통해 쓸쓸한 감정을 나타내듯 이처럼 김관동 시인의 시는 '관찰'과 '관조'의 시선으로 삶의 내면을 통찰하는 태도, 서술하는 방식이 쉽게 잘 읽히고 여운을 갖게 한다. 시가 좋아서 시를 쓰는 시인의 태도가 가을날처럼 아름답다.